QRでパッと調べ
深く考える

社会科ワークシート

小学3年

山方貴順 著

JN062831

学芸みらい社

まえがき

　何を隠そう私は、ワークシートを使った授業が大の苦手です。それは、ワークシートには下の大きな弱点が3点あり、世の多くのワークシートでは、それらを払拭しづらいと考えているためです。

私が考えるワークシートの弱点

> ①印刷が面倒
> ②授業の展開を知られ、先々まで書いてしまう子どもがいる
> ③教師が大事だと思うことと、子どもが大事だと思うことが、異なる場合がある

　ワークシートを作成する貴重な機会をいただいたため、上で書いた弱点を極力薄められるよう構成しました。また、3年生社会科ならでは特徴を合わせた、本書の特徴4点をお伝えします。

本書の特徴❶ 印刷が面倒ではない

　教師向け頁にあるQRコードを読み込むことで、子ども向け頁のPDFが現れます。わざわざ印刷せずとも、PDFを子どもに配布することができます。また印刷し、紙で学習する際にも、PDFをプリントアウトすることで、ずれを気にせず印刷できますし、コストが安い場合もあります。

本書の特徴❷ 級友と学ぶ「協働的な学び」を取り入れながら、市民性の育成を

　学校で行われる授業ですから、知識の注入だけでなく、資質・能力の育成や、各校で定められている学校教育目標の達成、そして社会科の究極の目標である公民的資質・能力（市民性）を育成したいと考えます。そのため、級友と考えて書く欄や、級友に書いてもらう欄を設けています。

本書の特徴❸ 教師が大事だと思うことと、子どもが大事だと思うことの両方を認める

　表をつくる場面がありますが、項目にあえて空欄にしている箇所もあります。こうすることで、落としてはならない授業の大枠（教師が大事だと思うこと）は残しつつも、子どもが大事だと思うことも認めることができるようにしています。

本書の特徴❹ 3年生社会科は、自分が住む市町村を学ぶため、全国共通の答えを設定できない。

　著者として心苦しいのですが、全国共通の答えを用意できていません。答えに悩む場合は、勤務校の先生方や教師仲間と相談してみてください。その相談が、良質な教材研究ともなります。

　このワークシートをご活用いただくことで、授業準備の時間を浮かせ、その浮いた時間で、先生方の人生が豊かになるようにしていただければ幸いです。

山方貴順

① 単元について

副読本のことを配慮せず、どちらの市町村でもお使いいただけます

　本書は、東京書籍の小学校社会科教科書である『新しい社会3』を参考に、単元を設定しています。とはいえ、他社のものでも、副読本をメインで使う市町村であっても、単元に変わりはありませんので、単元について気にせず、全国どこでもお使いいただけます。

「3. 農家の仕事」と「4. 工場の仕事」は片方でOK

　学習指導要領では、この2つの単元は、市町村の特色に応じて、どちらか片方を学習すればよいことが示されています。そのため、児童が住む市町村で盛んに行われている産業を思い浮かべていただき、どちらか片方を選択してください。

② 学習問題の取り扱いについて

本来は子どもとともにつくるものだけど……

　学習問題は本来、子どもたちとともに自分たちの身の回りにある問題から問いをつくり、世の中をよりよくしていくために考えていくための問いをさします（そのため小学校社会科では、学習課題との言葉を使わず、学習問題とすることが通例となっています。一方、他教科や、中学校社会科では、学習課題とすることが一般的です）。そのため、本書において取り扱いをどのようにしようかと悩んだのですが、印刷しておいたほうが使いやすいと考え、文字を入れています。もし不要であれば、紙なら修正液、データなら白の図形等で消去してください。ただ、

「ぼくたちが住んでいる〇〇市では、印刷している文字より、こっちの方がぴったりくるね」

「この問いよりも、私は……のほうが学びたくなる」

といった声が上がれば、学級全体で一度検討していただき、どんどん変更してくだされば幸いです。その時には「その問いで、その単元の学習内容を学ぶことができるか」を基準に検討してください。

③ 解答例について

　「まえがき」の本書の特徴でお伝えしたように、3年生社会科は市町村ごとに学習内容が異なるため、全国共通の解答例を示すことができていません。そのため、ご不便をおかけするかもしれませんが、どうかご容赦ください（「9. 方角問題」のみ、解答例を示しています）。

目次

① 学校のまわり ‥‥‥‥‥‥‥‥ 8

② 市の様子 ‥‥‥‥‥‥‥‥‥‥ 12

1 学校のまわり

3時間計画

子どもページ
QRコード

本単元のポイント

①この小単元は、暗記すべきことが多くあります。社会科スタートの小単元なのに、「社会科って覚えることばかりで、つまらない」とさせては、大失敗です。そこで「社会科楽しい！」とさせるには、「わかった！」「できた！」という成功体験を経験させることがポイントです。また、折に触れて、この小単元に戻ってくることも有効です。

②この小単元の覚える知識は、複雑なものではないため、「覚えていてよかった！」という成功体験を積ませることに適した単元です。

③単に暗記するだけでなく、「警察は警棒を使うから、交番の地図記号は、警棒をクロスさせた形なんだ」のように、理由とともに物事を伝えることが重要です。

資料について

①この単元は、資料のおもしろさよりも、スモールステップで、成功体験を積ませることが重要です。そのため、何度も何度も、問題を出すことが重要です。

②**「西―東」を間違う子どもが多くいます。**そこで覚え方を2つお伝えします。1つ目は、日本地図とともに、東京、東北、関西といったように、西と東がつく地名からの覚え方です。2つ目は、**「5文字の法則」**です。「ひだりにし」「みぎひがし」と、正しい組み合わせは5文字になることを用いたものです。

③地図記号は、右の QR コードの国土地理院の HP がわかりやすくまとめられています。地図記号は、**宿題にも出しやすい**ため、自分で調べさせるといいでしょう。そのときには、由来も忘れずに。

国土地理院 HP

単元計画

	学習内容	主な準備物	解答例やポイント
①	方位 学校の周り	特になし	子どもは、「田がある」と細かくミクロに見がちですが、「田んぼが多い」とマクロに見させることがポイントです。
②	地図記号	地図記号が載っている地図	単に暗記するだけでなく、理由とともに地図記号を紹介することがポイントです。
③	知識の活用	特になし	問題を出し、成功体験を積ませてください。

学校のまわり ①

学校のまわりを調べる

年　　組　名前（　　　　　　　　　　　）

高いところから、学校のまわりの様子を
かんさつしてみましょう。

❶（　　）にあてはまる方位を、漢字で書きましょう。また、ふきだしには、高いところから見える、学校のまわりの様子を書きましょう。

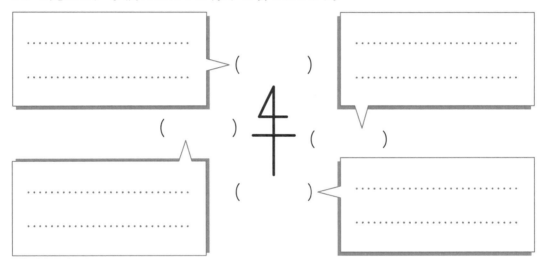

❷（　　）にあてはまる方位を、漢字で書きましょう。また、ふきだしには、タブレットや地図帳を見て、学校のまわりの様子を書きましょう。

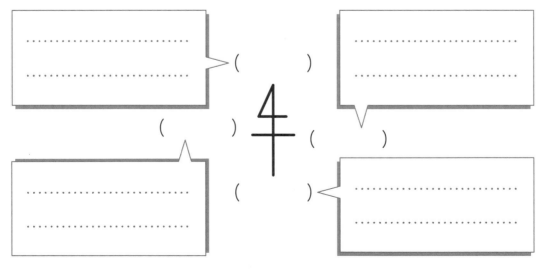

学校のまわり ②

地図記号を調べる

年　　組　名前（　　　　　　　　　　　　　）

先生の地図を見て、気づいたことを
話し合いましょう。

❶ 先生の地図を見て、気づいたことを話し合いましょう。

〈注記〉
学校のまわりの地図を貼ってください。
その際は、地理院地図など、
地図記号が記されている地図がおすすめです。

地理院地図 HP

. . . .

. . . .

. . . .

. . . .

. . . .

. . . .

. . . .

❷ 地図記号を調べて、下の表に書きましょう。

地図記号	もとになったもの（絵やイラストでもかまいません）
れい）	

方位を使ってまとめる

年　　組　名前（　　　　　　　　　　　　）

🏫 学校のまわりのたて物について
調べてみましょう。

❶ ことばをかくにんしましょう。
公共しせつ……みんなのためにつくられた、たて物や場所のこと。（　）にれいを書きましょう。

（　　　学校　　　　）（　　　　　　　　　　）（　　　　　　　　　　　　　）

❷ タブレットのグーグルマップなどを使って、空から学校をまわりのたて物を調べましょう。そして、気がついたことを、方位とともに書きましょう。

....

....

❸ 学校のまわりの様子を、方位ごとに整理しましょう。そのときには、公共しせつや、土地の使われ方も書きましょう。

方位	様子
れい）　南	田んぼが広がっている。

本単元のポイント

①自分が住む市を、地理的に見て、地理的に説明できることが、この単元のポイントです。

②単元で学んだことをもとに、自分の考えをつくらせることに適した単元です。

③細かにミクロに見るのではなく、マクロに概観することが重要です。

資料について

①縮尺を変えることができるので、地図帳だけでなく、**デジタルの地図も効果的**です。デジタルを使うことで、ミクロの視点とマクロの視点をつかませやすくなります。

②**市の白地図は「（市の名前）　白地図」**と、Yahoo! や Google 等で**画像検索**することで、入手することができます。フリー素材も多くあります。

③たいへん便利な画像検索や**ストリートビュー**ですが、それらの便利さを**子どもにも気付かせる**ことに最適な単元です。今後も使うので、子どもにも使わせてみましょう。

単元計画

学習内容	主な準備物	解答例やポイント
① 市の様子	グーグルマップ	方位を使って、市の概観をつかませましょう。
② 学習問題づくり	市の主な場所の写真	自分が住む市のことを、案外知らないことに気付かせましょう。
③ 標高	標高がわかる市の地図	細かに見ずに、概観させるようにしましょう。
④ 土地利用	土地利用がわかる市の地図	これまで同様、概観がポイントです。
⑤ 交通	市の白地図	「交通」とは抽象的なので具体化しましょう。
⑥ 公共施設	市の白地図	公共施設は行きやすい場所にあることが多いです。
⑦ 文化遺産等	市の文化遺産の画像等	寺社や、建物があれば、紹介しやすいです。
⑧ 学習問題の解決	本単元の資料	単元の学びを使って、まとめさせましょう。
⑨ 知識の転用	特になし	特になし
⑩ 住みやすい市を考える	特になし	「住みやすさ」を切り口に、単元の学びを振り返らせましょう。

10 時間計画

子どもページ
QRコード

市の様子 ①

市の様子をつかむ—1

年　　組　名前（　　　　　　　　　　　　　）

 **空から市の様子をとった写真を見て、気づいたことを話し合いましょう。**

❶ タブレットのグーグルマップなどで、空から市の様子を調べ、気づいたことを書きましょう。そのときには、方位（東・西・南・北）を使いましょう。

れい）市の西がわには、家がたくさんある。

⋯⋯⋯⋯⋯⋯⋯⋯⋯⋯⋯⋯⋯⋯⋯⋯⋯⋯⋯⋯⋯⋯⋯⋯⋯⋯⋯⋯⋯⋯⋯⋯

⋯⋯⋯⋯⋯⋯⋯⋯⋯⋯⋯⋯⋯⋯⋯⋯⋯⋯⋯⋯⋯⋯⋯⋯⋯⋯⋯⋯⋯⋯⋯⋯

⋯⋯⋯⋯⋯⋯⋯⋯⋯⋯⋯⋯⋯⋯⋯⋯⋯⋯⋯⋯⋯⋯⋯⋯⋯⋯⋯⋯⋯⋯⋯⋯

⋯⋯⋯⋯⋯⋯⋯⋯⋯⋯⋯⋯⋯⋯⋯⋯⋯⋯⋯⋯⋯⋯⋯⋯⋯⋯⋯⋯⋯⋯⋯⋯

⋯⋯⋯⋯⋯⋯⋯⋯⋯⋯⋯⋯⋯⋯⋯⋯⋯⋯⋯⋯⋯⋯⋯⋯⋯⋯⋯⋯⋯⋯⋯⋯

❷ 友だちの意見を聞いて、「なるほど」と思ったことを書きましょう。

⋯⋯⋯⋯⋯⋯⋯⋯⋯⋯⋯⋯⋯⋯⋯⋯⋯⋯⋯⋯⋯⋯⋯⋯⋯⋯⋯⋯⋯⋯⋯⋯

⋯⋯⋯⋯⋯⋯⋯⋯⋯⋯⋯⋯⋯⋯⋯⋯⋯⋯⋯⋯⋯⋯⋯⋯⋯⋯⋯⋯⋯⋯⋯⋯

⋯⋯⋯⋯⋯⋯⋯⋯⋯⋯⋯⋯⋯⋯⋯⋯⋯⋯⋯⋯⋯⋯⋯⋯⋯⋯⋯⋯⋯⋯⋯⋯

⋯⋯⋯⋯⋯⋯⋯⋯⋯⋯⋯⋯⋯⋯⋯⋯⋯⋯⋯⋯⋯⋯⋯⋯⋯⋯⋯⋯⋯⋯⋯⋯

❸ 今日の学習で、学んだことを書きましょう。

⋯⋯⋯⋯⋯⋯⋯⋯⋯⋯⋯⋯⋯⋯⋯⋯⋯⋯⋯⋯⋯⋯⋯⋯⋯⋯⋯⋯⋯⋯⋯⋯

⋯⋯⋯⋯⋯⋯⋯⋯⋯⋯⋯⋯⋯⋯⋯⋯⋯⋯⋯⋯⋯⋯⋯⋯⋯⋯⋯⋯⋯⋯⋯⋯

⋯⋯⋯⋯⋯⋯⋯⋯⋯⋯⋯⋯⋯⋯⋯⋯⋯⋯⋯⋯⋯⋯⋯⋯⋯⋯⋯⋯⋯⋯⋯⋯

市の様子 ②

市の様子をつかむ―2

年　　組　名前（　　　　　　　　　　　　　　　）

 わたしたちの市はどこにあり、また、どのような
ところがあるか話し合い、学習問題をつくりましょう。

❶ 自分が住む市の中で、これまでに行ったことのあるところを書きましょう。

（　　　　　　　　　　　　　　　）　（　　　　　　　　　　　　　　　）

❷「（自分が住む県）　市町村」とがぞう
けんさくしましょう。　すると、　自分が住む
市の場所が、県内のどこにあるかを調べ
ることができます。　自分が住む市は、県
の中でどのあたりにありますか。　八方位
を使って答えましょう。

県の中の場所

（　　　　　　　　　　　　　　　）

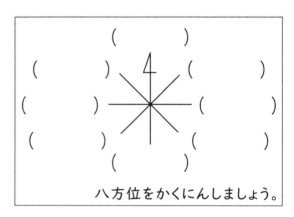

八方位をかくにんしましょう。

❸ 自分たちが行ったことがある場所は、市の中でどのあたりにあるといえますか。　八方
位を使って答えましょう。

行ったことのある場所	市の中でどのあたりか（れい：南東など）

❹ 自分が住む市についてもっと知りたいことを書き、学習問題をつくりましょう。

_____

学習問題　わたしたちの市は、どのような様子なのでしょうか。

土地の高さや広がりを調べる

年　　組　名前（　　　　　　　　　　　　　　　）

 自分が住む市の土地の高さや広がりは、
どのようになっているのでしょうか。

❶ 地図帳を見て、自分が住む市の土地の高さを調べて、わかったことを書きましょう。

場所（れい：東がわ）	土地の高さ（れい：山が多く、高いところが多い）

❷ 地図帳を見て、土地が高いところや、ひくいところは、どのように広がっているか調べて、わかったことを書きましょう。

土地の高さ（れい：東がわ）	広がり（れい：山が多いところを中心に広がっている）
高い ところ（　　　　　　　）	
ひくい ところ（　　　　　　　）	

❸ 今日の学習で、学んだことを書きましょう。

15

市の様子 ④
土地の使われ方を調べる

年　　組　名前（　　　　　　　　　　　　　）

 自分が住む市の土地は、どのように使われているのでしょうか。

❶ 地図帳を見て、自分が住む市の土地の使われ方を調べて、わかったことを書きましょう。

場所（れい：南がわ）	土地の使われ方（れい：田畑が多い）

❷ タブレットや地図帳を使って、市の中で行ったことがある場所を調べましょう。そしてその場所は、どのような土地の使われ方をしているか、調べて書きましょう。

行ったことがある場所	土地の使われ方（れい：市がい地・田・畑など）

❸ 今日学んだ土地の使われ方と、前に学んだ土地の高さを、むすびつけて書きましょう。

_____

....

....

交通の様子を調べる

年　　組　名前（　　　　　　　　　　　　　　）

 自分が住む市の交通は、どのように広がっているのでしょうか。

❶ ことばをかくにんしましょう。

交通……人や物が行き来すること。自分が住む市には、どんな交通がありますか。

（　　　　　　　　）（　　　　　　　　　　）（　　　　　　　　　　　　）

❷ タブレットや地図帳を見て、下の白地図に交通もうをかきこみましょう。

〈注記〉
児童が住む市の白地図を貼ってください。
「（児童が住む市）　白地図」と、Yahoo! や Google 等で画像検索すると、
白地図が出てきます。

❸ 今日学んだ交通と、前に学んだ土地の使われ方や高さを、むすびつけて書きましょう。

市の様子 ❻

公共しせつを調べる

年　　組　名前（　　　　　　　　　　　　）

自分が住む市の公共しせつは、どこにあり、
どのようなはたらきをしているのでしょうか。

❶ タブレットや地図帳を見て、下の白地図に公共しせつをかきこみましょう。

〈注記〉
児童が住む市の白地図を貼ってください。
「（児童が住む市）　白地図」と、Yahoo! や Google 等で画像検索すると、
白地図が出てきます。

❷ 自分が住む市についてもっと知りたいことを書き、学習問題をつくりましょう。

18

市の様子 ⑦

古くからのこるたて物を調べる

年　　組　名前（　　　　　　　　　　　　　　　）

自分が住む市にのこる古いたて物には、
どのようなものがあるでしょうか。

❶ タブレットや地図帳を使って、自分が住む市にのこる古いたて物にはどのようなもの
があるか、調べて書きましょう。また、がぞうけんさくして、見てみましょう。

（　　　　　　　　　　　　　　）　（　　　　　　　　　　　　　　　　　　）
（　　　　　　　　　　　　　　）　（　　　　　　　　　　　　　　　　　　）

❷ ことばをかくにんしましょう。

いわれ……ものごとのはじまりや、理由のこと。

❸ タブレットなどを使って、自分が住む市にのこる古いたて物のいわれを調べましょう。

古いたて物	いわれ

❹ 今日学んだ古くからのこるたて物と、前に学んだ土地の使われ方や高さ、交通、公
共しせつを、むすびつけて書きましょう。

市のとく色やよさをまとめる

年　　組　名前（　　　　　　　　　　　　）

調べたことをもとに、市の様子をまとめて
みましょう。

❶ これまで学んだことを、下の白地図にかきこみましょう。
また、次のキーワードに関係のあることをかいた、そのキーワードに〇をつけましょう。

土地の高さ　　土地の使われ方　　交通　　公共しせつ　　古くからのこるたて物

〈注記〉
児童が住む市の白地図を貼ってください。
「（児童が住む市）　白地図」と、Yahoo! や Google 等で画像検索すると、
白地図が出てきます。

❷ 友だちの作品を見て気づいたことや、今日の学習で、学んだことを書きましょう。

地図を使って考えをつたえ合う

年　　組　名前（　　　　　　　　　　　　）

学習したことをもとに、市の場所によるちがいを
いかして、「こんなときどうする」を考えてみましょう。

❶ これまで自分が作った地図や、タブレット、地図帳などを見て、下のときにはどうす
るか考えて、自分の考えを書きましょう。

カード1

外国人のお客さんをあんないするとした
ら、どこをあんないしますか。また、そ
れはどうしてですか。

....

....

カード2

パン屋さんを開くとしたら、どこにお店を
開きたいですか。また、それはどうでし
てですか。

....

....

カード3

乗り物に乗って、市外に住む友だちに、
自分が住む市をあんないしたいと思いま
す。何に乗って、どこへ行きますか。

....

....

カード4

自分が住む市に引っこしてくるいとこに、
さいがい時のひなん場所をしょうかいす
るには、どうすればよいですか。

....

....

❷ 「市の様子」の学習で、どんなことを学びましたか。学んだことを書きましょう。

_____

....

....

市の様子 ⑩

学びをいかす

年　　組　名前（　　　　　　　　　　　　）

 学んだことをもとに、住みやすい市とはどのような市か考えて、話し合いましょう。

❶ これまで学んだキーワードごとに、あなたが考える住みやすい市とはどのような市か、考えて書きましょう。

キーワード	住みやすい市
土地の高さ	
土地の使われ方	
交通	
公共しせつ	
その他	

❷ ❶を友だちに見てもらって、コメントを書いてもらいましょう。

名前	コメント

❸ 友だちの作品を見て気づいたことや、今日の学習で、学んだことを書きましょう。

3 農家の仕事

本単元のポイント

①作物は人の工夫や努力なしに成り立たないことに気付かせることがポイントです。

②社会科特有の「目の前のものは当たり前でない」と気付かせることに適した単元です。

③「生活科はどうだった？」と、生活科との接続も意識することが重要です。

資料について

①この単元は、自分が住む市町村の作物を掘り下げて学ぶところに特徴があるので、『わたしたちの〇〇市』のような、市町村ごとの副読本が有効な資料となるでしょう。同時に、全国版の教科書は、使用の機会はあまり多くないかもしれません。

②副読本を使わない、あるいは、副読本とは別の作物を扱う場合は、このワークシートに沿って、農家の方にインタビューしてください。インタビューの録画も有効です。

③作物のイラストが載っていることもあるので、**地図帳**を開かせるのもおすすめです。

単元計画

	学習内容	主な準備物	解答例やポイント
①	自分が住む市にある仕事	特になし	❷グループは「物をつくる」、「売る」、「人と働く」「作物」等が挙げられます。
②	市の作物や特産品について調べる	作物の写真等	市町村によって作物は異なりますので、本単元で主に扱う作物を紹介するようにしてください。
③	学習問題づくり	作物の特徴がわかるもの	主に扱う作物を焦点化させてください。学習問題の「どのようなこと」には、「おいしく」「たくさん」「きれいに」等が想定されます。
④	農事ごよみの作成	仕事がわかるもの	月ごとに整理させましょう。
⑤	農家の工夫や努力を調べる	仕事がわかるもの	「時間」「季節」「地理」「収穫時」等が挙げられます。テーマごとに、複数回扱うことも有効です。
⑥	学習問題の解決	これまでのシート	「工夫がつまっていて甘い！」等。単元で学んだからこそ書ける見出しが望ましいです。端末を使い、テレビCMを作るのも有効です。

11時間計画

子どもページ
QRコード

農家の仕事 ①
学習のめあて

年　　組　名前（　　　　　　　　　　　）

 わたしたちのくらすまちには、どのような仕事をしている人たちがいるのでしょうか。

❶ わたしたちの身の回りには、どのような仕事があるのでしょうか。5こ以上書きましょう。

....

....

....

....

❷ 仕事を整理すると、どのようなグループに分けることができますか。

（　　　　　　　　　　　）グループ　　（　　　　　　　　　　　）グループ

（　　　　　　　　　　　）グループ　　（　　　　　　　　　　　）グループ

❸ 自分が住んでいる市町村の、「ふるさと納税」のお礼の品を調べましょう。また、その中で、作物に関係するものに〇をつけましょう。　れい：（　みかん（〇））

（　　　　　　　　　（　　））　（　　　　　　　　　　　（　　））

（　　　　　　　　　（　　））　（　　　　　　　　　　　（　　））

（　　　　　　　　　（　　））　（　　　　　　　　　　　（　　））

❹ ❶～❸のほかに、もっと調べたいことを書きましょう。

....

....

農家の仕事 ②

市の作物についてつかむ

年　組　名前（　　　　　　　　　　　　）

わたしたちの市では、どのような作物が
つくられているのでしょうか。

❶ ことばをかくにんしましょう。

作物……田や畑でつくられるもののことです。

❷ 自分が住む市では、どのような作物がつくられているでしょうか。

（　　　　　　　　　　　）　（　　　　　　　　　　　　　）

（　　　　　　　　　　　）　（　　　　　　　　　　　　　）

❸ 自分が住む市では、どこで、どのような作物がつくられているか調べ、下の白地図に整理しましょう。

〈注記〉
児童が住む市の白地図を貼ってください。
「（児童が住む市）　白地図」と、Yahoo! や Google 等で画像検索すると、
白地図が出てきます。

❹ 今日の学習で、学んだことを書きましょう。

25

農家の仕事 ③

学習問題をつかむ

（市のとくさん品 ひん　　　　　　　　） について、
気づいたことやぎもんに思ったことを話し合い、
学習問題をつくりましょう。

❶（市のとくさん品　　　　　　　　　　　） について、知っていることを書きましょう。

_____ ｜ _____

....

....

❷（市のとくさん品　　　　　　　　　　　）について、調べてしらわかったことを書きましょう。

....

....

....

❸（市のとくさん品　　　　　　　　　　　　） は、どのようなことをめざしてつくられてい
るのか考え、学習問題をつくりましょう。

> **学習問題** 農家では、（市のとくさん品 のうか　　　　　　　　） を
> （どのようなこと　　　　　　　　　　　　） つくるために、
> どのような仕事をしているのでしょうか。 しごと

❹ 上の学習問題の予想をしましょう。 よそう

_____

....

....

26

農家の仕事 ④

作物づくりの1年間を調べる

農家では、1年間どのように仕事を
しているのでしょうか。

❶ 副読本やインターネットから、（ 市のとくさん品 ）をつくるため
に、どのような仕事があるか、下のカレンダーにまとめましょう。

月	農家の仕事
1月	
2月	
3月	
4月	
5月	
6月	
7月	
8月	
9月	
10月	
11月	
12月	

❷ 今日の学習で、学んだことを書きましょう。

27

農家の仕事 ⑤

くふうや努力を調べる

年　　組　名前（　　　　　　　　　　　　）

（市のとくさん品　　　　　　　　　　）づくりには、
どのようなくふうがあるのでしょうか。

❶ 副読本やインターネットから、（市のとくさん品　　　　　　　）をつくるために、
どのようなくふうや努力があるかまとめましょう。

❷ 今日の学習で、学んだことを書きましょう。

28

シールにまとめる

年　組　名前（　　　　　　　　　　　　）

これまでの学習をふり返り、(市のとくさん品　　　　　　　　　　　　)
をせんでんするシールを考えましょう。

❶ 学習問題をもう一度かくにんしましょう。そして、その答えを、
（市のとくさん品　　　　　　　　　　　　　　）をせんでんするシールにしましょう。

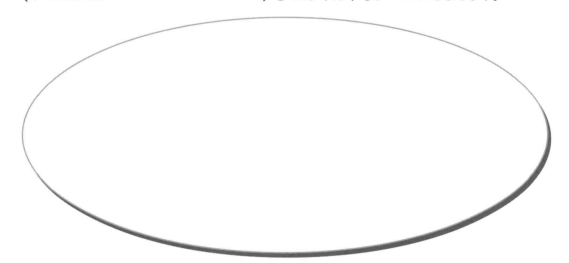

❷ 自分が書いたものについて、3人の友だちにコメントを書いてもらいましょう。

名前	コメント

❸ 今日の学習で、学んだことを書きましょう

4 工場の仕事

本単元のポイント

①製品は人の工夫や努力なしに成り立たないことに気付かせることがポイントです。

②社会科特有の「目の前のものは当たり前でない」と気付かせることに適した単元です。

③「生活科はどうだった？」と、生活科との接続も意識することが重要です。

資料について

①この単元は、自分が住む市町村の製品を掘り下げて学ぶところに特徴があるので、市町村ごとの副読本が有効な資料となるでしょう。

②副読本を使わない、あるいは、副読本とは別の製品を扱う場合は、このワークシートに沿って、工場の方にインタビューしてください。インタビューの録画も有効です。

③製品のイラストが載っていることもあるので、**地図帳**を開かせるのもおすすめです。

単元計画

	学習内容	主な準備物	解答例やポイント
①	自分が住む市にある仕事	特になし	❷グループは「物をつくる」、「売る」、「人と働く」「製品」等が挙げられます。なお本単元は、「製品」にフォーカスを当てて学習していきます。
②	市の工場について調べる	地図帳やグーグルマップ	市町村によって異なりますが、本単元で主に扱う工場を紹介するようにしてください。
③	学習問題づくり	製品の特徴がわかるもの	主に扱う製品に焦点化させてください。
④	作業工程を調べる	作業の写真等	作業工程を、順番に整理させてください。
⑤	原料を調べる	白地図	複数の地域から届いていることに気付かせてください。
⑥	工夫や努力を調べる	地図帳	「安全」「正確さ」「伝統」等が挙げられます。テーマ別に、複数回扱うことも有効です。
⑦	地域との関連を調べる	白地図	複数の地域とのつながりに気付かせてください。
⑧	学習問題の解決	これまでのシート	「安全に伝統をつなぐ！」等。単元で学んだからこそ書ける見出しが望ましいです。

11時間計画

子どもページ
QRコード

学習のめあて

年　　組　名前（　　　　　　　　　　　　　　　）

わたしたちのくらすまちには、どのような仕事をしている人たちがいるのでしょうか。

❶ わたしたちの身の回りには、どのような仕事があるのでしょうか。5こ以上書きましょう。

_____

....

....

....

....

❷ 仕事を整理すると、どのようなグループに分けることができますか。

（　　　　　　　　　　　　）グループ　　（　　　　　　　　　　　　）グループ

（　　　　　　　　　　　　）グループ　　（　　　　　　　　　　　　）グループ

❸ 自分が住んでいる市町村の、「ふるさと納税」のお礼の品を調べましょう。また、その中で、製品に関係するものに〇をつけましょう。　　れい：（せんざい（〇））

（　　　　　　　　　　（　　））　（　　　　　　　　　　　　（　　））

（　　　　　　　　　　（　　））　（　　　　　　　　　　　　（　　））

（　　　　　　　　　　（　　））　（　　　　　　　　　　　　（　　））

❹ ❶〜❸のほかに、もっと調べたいことを書きましょう。

_____

....

....

31

工場の仕事 ②

工場についてつかむ

年　　組　名前（　　　　　　　　　　　　　　　）

 わたしたちの市では、どのようなものが
つくられているのでしょうか。

❶ ことばをかくにんしましょう。

工場……きかいやき具をそなえて、ものをつくったり加工したりするところです。きかいを使う
ことで、数多くの製品をつくることができます。

原料……あるものをつくるときの、そのもとになる材料のことです。工場では、原料に手をく
わえて、さまざまなものをつくっています。

❷ 自分が住む市では、どのような製品がつくられているでしょうか。

（　　　　　　　　　　　　　　）（　　　　　　　　　　　　　　）

❸ 自分が住む市では、どこで、どのような製品がつくられているか調べ、下の白地図
に整理しましょう。

〈注記〉
児童が住む市の白地図を貼ってください。
「（児童が住む市）　白地図」と、Yahoo! や Google 等で画像検索すると、
白地図が出てきます。

❹ 今日の学習で、学んだことを書きましょう。

学習問題をつかむ

年　　組　名前（　　　　　　　　　　　　　　　　）

（製品_{せいひん}　　　　　　　　　）について、
気づいたことやぎもんに思ったことを話し合い、
学習問題_{がくしゅうもんだい}をつくりましょう。

❶（製品_{せいひん}　　　　　　　）について、知っていることを書きましょう。

....

....

❷（製品_{せいひん}　　　　　　　）について、調_{しら}べてわかったことを書きましょう。

....

....

....

❸（製品_{せいひん}　　　　　　　）は、どのようなことをめざしてつくられているのか考え、学
習問題をつくりましょう。

学習問題	工場では、（製品_{せいひん}　　　　　　　　　）を （どのようなこと　　　　　　　　　　　　　　）つくるために、 どのような仕事_{しごと}をしているのでしょうか。

❹ 上の学習問題の予想_{よそう}をしましょう。

....

....

工場の仕事 ④

つくり方を調べる

年　　組　名前（　　　　　　　　　　　　　　　）

（製品_{せいひん}　　　　　　　　　　）は、どのように
つくられるのでしょうか。

❶ 副読本_{ふくどくほん}やインターネットから、（製品_{せいひん}　　　　　　　　　）をつくるために、どのような仕事_{しごと}があるか、数字や矢じるし（→）を使_{つか}ってまとめましょう。

❷ 今日の学習_{がくしゅう}で、学んだことを書きましょう。

工場の仕事 5

原料を調べる

年　　組　名前（　　　　　　　　　　　　　　）

（製品（せいひん）　　　　　　　　　）の原料（げんりょう）は、どこから
運ばれてきているのでしょうか。

❶（製品（せいひん）　　　　　　　　　）の主（おも）な原料には何がありますか。またその原料は、ど
こから運ばれていますか。下の表（ひょう）にまとめましょう。

原料	運ばれてくる場所

❷ 上でまとめたことを、白地図にかきこみましょう。

〈注記〉
児童が住む市の白地図を貼ってください。
「（児童が住む市）　白地図」と、Yahoo! や Google 等で画像検索すると、
白地図が出てきます。

❸ 今日の学習（がくしゅう）で、学んだことを書きましょう。

_____

工場の仕事 ⑥

くふうや努力を調べる

年　　組　名前（　　　　　　　　　　　　）

（製品　　　　　　　　　）づくりには、どのような
くふうをしているのでしょうか。

❶ 副読本やインターネットから、（製品　　　　　　　　　）をつくるために、どのよう
なくふうや努力があるかまとめましょう。

```



```

❷ 今日の学習で、学んだことを書きましょう。

36

工場の仕事 ⑦

地いきとのかかわりを調べる

年　組　名前（　　　　　　　　　　　）

🏭 **工場は、地いきとどのようにかかわっているのでしょうか。**

❶（製品_{せいひん}　　　　　　）が売られている場所_{ばしょ}を調べましょう。

（　　　　　　　　　　）（　　　　　　　　　　　）
（　　　　　　　　　　）（　　　　　　　　　　　）

❷ その工場ではたらく人は、どこから来ているか、調べましょう。

（　　　　　　　　　　）（　　　　　　　　　　　）

❸（製品　　　　　　　　）と地いきとのかかわりを、白地図にまとめましょう。

〈注記〉
児童が住む市の白地図を貼ってください。
「（児童が住む市）　白地図」と、Yahoo! や Google 等で画像検索すると、
白地図が出てきます。

❹ 今日の学習_{がくしゅう}で、学んだことを書きましょう。

37

工場の仕事 ⑧

シールにまとめる

年　組　名前（　　　　　　　　　　　　）

これまでの学習をふり返り、（製品　　　　　　　）
をせんでんするシールを考えましょう。

❶ 学習問題をもう一度かくにんしましょう。そして、その答えを、
（市の製品　　　　　　　　　　）をせんでんするシールにしましょう。

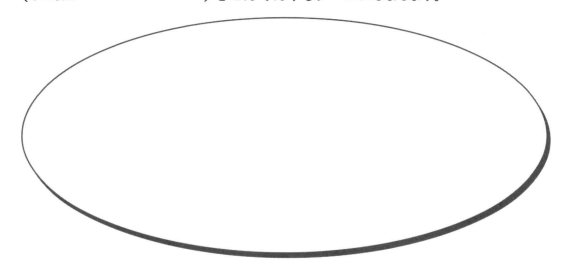

❷ 自分が書いたものについて、3人の友だちにコメントを書いてもらいましょう。

名前	コメント

❸ 今日の学習で、学んだことを書きましょう。

店ではたらく人

15時間計画

子どもページ
QRコード

本単元のポイント

①スーパーの工夫と、客のニーズは、表裏の関係だと気付かせることがポイントです。

②サービスを切り口に、物事には理由があると、気付かせることに適した単元です。

③店は「お助けマン」ではなく、営利活動をしていると気付かせることが重要です。

資料について

①買い物調べもいいのですが、令和版として「Google Forms」や「ロイロノート」など、自分たちで作る資料も有効でしょう。

②**買い物調べ**は、「時間のある土日には大型店に、忙しい平日は近所でさっと済ます」等のように、**因果関係を明らかにするため**のもので、単に調べるだけではありません。

③店見学では、店側の工夫にたくさん気付かせましょう。それが事後の学びになります。

単元計画

	学習内容	主な準備物	解答例やポイント
①	スーパーの特徴	写真等	事前に尋ねておくとスムーズです。
②	買い物調べ	聞き取り	❷「速い」「安い」「うまい」等を出したい。
③	学習問題づくり	特になし	ICTでグラフを作成することがおすすめです。
④	売り場を調べる	見学	客のニーズと表裏の関係であると気付かせたい。
⑤	客のニーズに気付かせる	見学	客のニーズと表裏の関係であると気付かせたい。
⑥	店員の仕事を調べる	見学	客のニーズと表裏の関係であると気付かせたい。
⑦	産地を調べる	写真等	日本や世界から運ばれていると気付かせたい。
⑧	客のニーズに気付かせる	チラシ等	客のニーズと表裏の関係であると気付かせたい。
⑨	店の取り組みを調べる	写真等	客のニーズと表裏の関係であると気付かせたい。
⑩	まとめる	これまでのシート	❶見出しの便利さについては、実際の新聞等を用いて話をしたいものです。
⑪	他の店への転用	写真等	❶メルカリやふるさと納税等があります。
⑫	知識を使う	写真等	作品について、意見交換をさせてください。

学習をつかむ

年　　組　名前（　　　　　　　　　　　　）

 わたしたちは、どのような店で買い物を
しているのでしょうか。

❶ 下にあるお店は、どのようなときに行ったり、使ったりしますか。自分や、家の人の
ことを思いうかべながら書いてみましょう。

お店のしゅるい	とくちょう
スーパーマーケット	
大きなスーパーマーケットや ショッピングモール	
コンビニエンスストア	
せん門店 （八百屋・魚屋など）	
ネットショッピング	

❷ 店についてもっとくわしく調べるために、家の人に、よく行く店について聞いてみたい
ことを書きましょう。

店ではたらく人 ②

店に行く理由をつかむ

年　　組　名前（　　　　　　　　　　　　）

 家の人は、なぜその店に行くのでしょうか。

❶ 家の人に聞いてきたことを書きましょう。

聞いたこと	家の人のお話

❷ 家の人が、下にあるお店に行く理由は何でしたか。整理して書きましょう。

お店のしゅるい	行く理由
スーパーマーケット	
大きなスーパーマーケットや ショッピングモール	
コンビニエンスストア	
せん門店 （八百屋・魚屋など）	
ネットショッピング	

学習問題をつかむ

年　　組　名前（　　　　　　　　　　　　　）

スーパーマーケットに買い物に行く人が多いのは
なぜなのか話し合って、学習問題をつくり、
学習計画を立てましょう。

❶ みんながよく行くお店はどんなお店でしたか。またそのお店に行く理由を書きましょう。

_____

....

....

❷ たくさんの人がスーパーマーケットに行く理由を考えることができるような学習問題を
つくりましょう。

> **学習問題** スーパーマーケットではたらく人は、多くの人々に買い物をしてもらうため
> に、どのようなくふうをしているのでしょうか。

❸ 上の学習問題の答えを予想して、書きましょう。

_____

....

....

❹ どんなことを、どうやって調べたいか、書きましょう。

....

....

....

....

売り場を調べる

年　　組　名前（　　　　　　　　　　　　　）

スーパーマーケットの売り場は、どのように
なっているのでしょうか。

❶ スーパーマーケットに行ったり、教科書のイラストを見たりして、スーパーマーケット
の売り場について気づいたことを書きましょう。

❷ 次のことは、売り場のどこで見つけることができるでしょうか。見つけられる場所を
書きましょう。

くふう	見つけられる売り場
店のカートを使って商品を出し、売り場の品物が少なくならないようにします。	
お客さんが買いたいときに売り場に出せるように考えて、仕入れた魚を新せんなうちにさばきます。	
お客さんにおいしく食べてもらうために、1日に何回かに分けておそうざいをつくります。	
コンピューターで品物の売れ具合を調べ、注文する数を決めます。	

❸ 今日の学習で、学んだことを書きましょう。

43

売り場のひみつを調べる

年　　組　名前（　　　　　　　　　　　　　　　）

スーパーマーケットの売り場には、どのようなひみつがあるのでしょうか。

❶ スーパーマーケットの売り場には、下のようなひみつがあります。どうしてそのような ひみがあるのでしょうか。みんなで考えたり、スーパーマーケットの人に聞いたりして、 かいけつしましょう。また、下の空いたらんには、自分で見つけたひみつを書きましょう。

ひみつ	ひみつがある理由
品物（しなもの）が書いてあるかん板（ばん）を、上につけている。	
食べ物がつくられた地いきの名前が書いてある。	
くだものややさいは、いろいろな大きさに切ってある。	

❷ 今日の学習（がくしゅう）で、学んだことを書きましょう。

店ではたらく人 ⑥

仕事を調べる

年　　組　名前（　　　　　　　　　　　　　）

スーパーマーケットではたらく人は、どのような
仕事をしているのでしょうか。

❶ スーパーマーケットではたらく人は、どのようなくふうをしていますか。

....

....

❷ 左にあるスーパーマーケットのくふうと、右にある買う人のねがいで、合うものを線
でむすびましょう。

大きさをかえて切っている ●	● できたてのおそうざいを食べたい
コンピューターを使って注文する数を決める ●	● 下ごしらえに手間をかけず、買ったらすぐに調理したい
やいたらすぐに食べられるようにしている ●	● 品切れなく、買いたいものはすぐに買いたい
1日に何回かに分けておそうざいをつくっている ●	● 家族の人数に合わせて、ほしい分だけ買いたい

❸ 今日の学習で学んだことを書きましょう。そのときには、①「スーパーマーケットのく
ふう」、　②「買う人のねがい」、という2つのキーワードを使いましょう。

....

....

品物を調べる

年　　組　名前（　　　　　　　　　　　　　　　　）

🛒 たくさんの品物は、どこから運ばれてくるのでしょうか。

❶ スーパーマーケットなどで買った食べ物は、どこでつくられたものですか。品物と、つくられた場所に分けて、表にまとめましょう。

品物（れい：ぶどう）	つくられた場所（れい：大阪府（おおさかふ））

❷ 地図帳やタブレットなどを使って、品物がとどけられているところを、地図に書きこみましょう。また、外国からとどけられているときは、その国の国旗のイラストをかきましょう。

〈注記〉 日本地図を、貼ってください。	〈注記〉 世界地図を、貼ってください。

❸ 今日の学習で、学んだことを書きましょう。

_____

お客さんのねがいを調べる

年　　組　名前（　　　　　　　　　　　　　　）

たくさんのお客さんが来るのはなぜでしょうか。

❶ 左にあるお客さんのねがいと、右にあるスーパーマーケットのくふうで、合うものを線でむすびましょう。

車で来たい ●	● つくった人の写真をのせている
安く買いたい ●	● チラシで、安さをアピールしている
安全で安心な、体にいい食べ物を食べたい ●	● 広いちゅう車場を用意している

❷ 左にはお客さんのねがいを、右にはスーパーマーケットのくふうを書き、自分で問題をつくって、友だととき合いましょう。

●	●
●	●
●	●

❸ 今日の学習で、学んだことを書きましょう。

店ではたらく人 ⑨

お店の取り組みを調べる

年　　組　名前（　　　　　　　　　　　　　　）

 スーパーマーケットは、品物を売ることのほかに、どのような取り組みをしているのでしょうか。

❶ スーパーマーケットでは、品物を売ることのほかにも、下のような取り組みをしています。どうして、そのような取り組みをしているのでしょうか。みんなで考えたり、スーパーマーケットの人に聞いたりして、かいけつしましょう。また、下の空いたらんには、自分で見つけた取り組みを書きましょう。

お店の取り組み	取り組みをする理由 (りゆう)
リサイクルコーナーがある	
レジぶくろは、1〜5円くらいのお金がかかる	
お店のまわりをきれいにする	

❷ 今日の学習で、学んだことを書きましょう。

_____

まとめる

年　　組　名前（　　　　　　　　　　　　　　　）

スーパーマーケットではたらく人のくふうについて
まとめましょう。

学習問題 スーパーマーケットではたらく人は、多くの人々に買い物をしてもらうために、どのようなくふうをしているのでしょうか。

❶ 上の学習問題に、これまでに学んだことを見出しに使って答えましょう。たとえば、次のような見出しが考えられます。「売り場のくふう」「はたらく人のくふう」「お客さんのねがい」「売ることではない取り組み」など

❷ 友だちの作品を見て気づいたことや、今日の学習で、学んだことを書きましょう。

学びをひろげる

年　組　名前（　　　　　　　　　　　　）

 わたしたちは、ほかにどんな店をりようしているのでしょうか。

❶ スーパーマーケットのほかにも、いろいろなお店があります。お店ごとに、とくちょうをまとめてみましょう。また、下の空いたらんには、自分で見つけたお店のしゅるいと、とくちょうを書きましょう。

お店のしゅるい	とくちょう
スーパーマーケット	
大きなスーパーマーケットやショッピングモール	
コンビニエンスストア	
せん門店 （八百屋・魚屋など）	
ネットショッピング	

❷ 今日の学習で、学んだことを書きましょう。

50

学びをいかす

年　　組　名前（　　　　　　　　　　　　）

**学習したことをもとに、「こんなときどうする」を
考えてみましょう。**

❶ 下のような買い物をしたい人には、どのようなことをつたえますか。買い物のヒントと
なることを考えて、書きましょう。

ケース1

仕事がいそがしくて、とにかく早く買い物
がしたいんです。どんなことに気をつけ
ればいいですか？

....

....

ケース2

仕事がお休みの週末に、まとめて買い物
をしたくて。どんなお店に行けばいいで
すか？

....

....

ケース3

少しくらい高くてもいいから、体にいい、
安心で安全な食べ物を買いたくて。どこ
を見ればいいですか？

....

....

ケース4

魚ややさいの、調理方法を教えてくれる
お店がいいんだけど、どのお店で買うの
がいいかなあ？

....

....

❷ 「店ではたらく人」の学習で、どんなことを学びましたか。学んだことを書きましょう。

_____

....

火事からくらしを守る

9時間計画

子どもページ
QRコード

本単元のポイント

①学習後も、火事からくらしを守る行動をとり続けられるようにすることがポイントです。

②避難訓練といった当たり前にしていたことの、意味づけに適した単元です。

③単元で学んだことをもとに、日常の意味を考えることが重要です。

資料について

①３年生は都道府県版の副読本を使うことが一般的ですが、この単元は意外と、**教科書が使えます**。イラストなども、教科書のほうがわかりやすいことがよくあります。

②この単元も、Yahoo! や Google 等の画像検索が有効です。「蛇口」「節水　ポスター」等と子どもが実際にイメージしやすくなるような画像を示すとよいでしょう。

③社会科見学などで消防署を訪れたり、消防車に学校に来てもらったりすることができると、子どもたちの学ぶ意欲は大きく上がります。可能であれば、実物に触れる機会を確保することを強くおすすめします。

単元計画

学習内容	主な準備物	解答例やポイント
① 資料の読み取り	教科書	いろいろな人が関係していることに気付かせましょう。
② 学習問題づくり	消防署のHP	近年の火災数減少に気付かせましょう。
③ 消防署員の工夫	教科書	必要に沿って情報を引き出させましょう。
④ 119番のしくみ	教科書	119番通報が中心にあることをおさえましょう。
⑤ 消防施設	消防施設の写真	見過ごしているだけで、実は身の回りに多くの防火施設や設備があることに気付かせましょう。
⑥ 消防団	消防団の資料	消防士との違いに気付かせましょう。
⑦ 学習問題の解決	これまでの資料	これまでの学習で学んだことから、問いに答えさせるようにしましょう。また、書いてあることだけで、火事を防ぎきることはできないことに気付かせ、次の時間につなげてください。
⑧ 自分にできる火 ⑨ 事を防ぐ行動	防火の標語やポスター	自分の生活との関係に気付かせましょう。

学びをつかむ

年　組　名前（　　　　　　　　　　　　　）

**火事が起きると、どのような人が、
どのようなことをするのでしょうか。**

❶ 教科書にある、火事の様子についてのイラストを見て、だれが、どんなことをしているか、気づいたことを書きましょう。

だれが	どんなこと

❷ ことばをかくにんしましょう。

協力……力を合わせて物事に取り組むことです。火事のときは、消防しょだけではなく、関係するところが、はやく、安全に消火や救助ができるように協力します。関係するところを3つ書きましょう。

（　　　　　　　　　）（　　　　　　　　　）（　　　　　　　　　）

❸ 火事からくらしを守ることについて、もっと調べて、知りたいことを書きましょう。

火事からくらしを守る ②
学習問題をつかむ

年　　組　名前（　　　　　　　　　　　　）

イラストやグラフを見て、気づいたことを話し合い、学習問題（がくしゅうもんだい）をつくりましょう。

❶ 自分の住（す）んでいる地いきの消防（しょうぼう）しょのホームページを開いて、はじめて知ったことや、おどろいた発見（はっけん）などを5こ以上（いじょう）書きましょう。

❷ もっと調（しら）べたいことをもとに、学習問題をつくりましょう。

> **学習問題** 火事（かじ）が起（お）きたときや火事をふせぐために、だれが、どのようなはたらきをしているのでしょうか。

❸ 上の学習問題の答えを予想（よそう）して、書きましょう。

❹ 消防しょの見学に行ったら、「こんなことを聞きたい」というインタビューの予行（よこう）えん習（しゅう）をしてみましょう。

火事からくらしを守る ③

消防しょの人を調べる

年　　組　名前（　　　　　　　　　　　　　）

消防しょの人たちは、どのような取り組みをしているのでしょうか。

❶ 消防しょの人の防火服やき具について、はやく消火するためのくふうを書きましょう。

　　...

　　...

❷ 消防しょの人のきんむ時間について、はやく消火するためのくふうを書きましょう。また、着がえにかかる時間を、みなさんとくらべてみましょう。

　　...

　　...

❸ 消防自動車について、はやく消火するためのくふうを書きましょう。

　　...

　　...

❹ 上で書いたことのほかに、はやく消火するためのくふうを書きましょう。

　　...

❺ 今日の学習で、学んだことを書きましょう。

　　...

　　...

火事からくらしを守る ④
119番を調べる

年　組　名前（　　　　　　　　　　　）

119番に電話をかけると、どこにつながり、
どこへれんらくが行くのでしょうか。

❶ ことばをかくにんしましょう。

通信指令室……（　　　　　　）番の電話がつながるところ。火事なのか、救急なのか、火事の場所などをたしかめて、消防しょに出動を指令したり、ほかの関係するところにもれんらくを入れたりします。

❷ 教科書の図を見て、下の（　　　）の中のことばを使って、火事が起きたときのはたらきをかんせいさせましょう。

（119番への電話 ・ 通信指令室 ・ 消防しょ ・ けいさつ ・ 病院 ・ 水道 ・ 協力）

❸ 今日の学習で、学んだことを書きましょう。

火事からくらしを守る ⑤
消防しせつを調べる

年　　組　名前（　　　　　　　　　　　　）

わたしたちのまわりには、どのような消防しせつがあるのでしょうか。

❶「消火せん」や「防火水そう」と、がぞうけんさくしてみましょう。それらを、みなさんの家のまわりや、通学路で見たことはありませんか。見たことがある人は、見た場所を書きましょう。見たことがない人は、グーグルマップのストリートビューで、学校のまわりなどからさがして、書きましょう。

消防しせつがある場所	

❷ あなたの学校には、どんな消防しせつが、どこにあるでしょう。調べて書きましょう。

学校にある消防しせつ	場所

❸ 消防しせつが多いのは、どのようなところですか。

_____

・・

❹ 今日の学習で、学んだことを書きましょう。

_____

・・

火事からくらしを守る ⑥

消防団を調べる

年　組　名前（　　　　　　　　　　　）

 火事が起きたときや火事をふせぐために、地いきではどのような取り組みが行われているのでしょうか。

❶ ことばをかくにんしましょう。

消防団……地いきの人たちがつくるそしきで、火事などのさいがいのときに消防しょと協 力します。団員と、消防しょの人は、同じところと、ちがうところがあります。

❷ 消防団の人の取り組みについて、はやく消火するためのくふうを書きましょう。

❸ 消防団の人と、消防しょの人の、共通点（同じところ）を考えて書きましょう。

❹ 消防団の人と、消防しょの人の、ちがうところを考えて書きましょう。

❺ 今日の学習で、学んだことを書きましょう。

まとめる

年　組　名前（　　　　　　　　　　　　）

関係図をつくり、火事からくらしを守る人々の
はたらきについてまとめましょう。

学習問題 火事が起きたときや火事をふせぐために、だれが、どのようなはたらきをして
いるのでしょうか。

❶ これまで学んだ下の（　　）の中のことばを使って、火事からくらしを守る人々のは
たらきについて、関係図をつくりましょう。

（119番 ・ 通信指令室 ・ 消防しょ ・ 消防しょの人・ 消防団 ・ 協力）

❷ 友だちの作品を見て気づいたことや、今日の学習で、学んだことを書きましょう。

学びをひろげる―1

年　組　名前（　　　　　　　　　　　）

火事をふせぐために、自分にできる行動を
考えましょう。

❶ インターネットを使って、家庭での火災の原因を調べてみましょう。原因の中で、あなたの家でも起こりそうなものを書きましょう。

　　　　　　　　　　　　　　　　　　　　　　　　　　　　　　　　　　　　　

....

❷ 家に自分ひとりでいるときに、火事が起こるかもしれません。家に自分ひとりでいるときに、「火事が起きそうだ」と気づいたら、あなたなら何をしますか。

　　　　　　　　　　　　　　　　　　　　　　　　　　　　　　　　　　　　　

....

....

❸ 今のようなしせつがない昔は、火事は今よりもおそれられていました。そこで、人々は、さまざまな方法で、火事が起こらないようにしてきました。たとえば、下のようなキーワードはすべて、火事に関係のあるものです。

　　道の広さ ・ 江戸時代の火消し方法 ・ 消防しょの地図記号の由来 ・ 出初式の由来
　　イチョウの街路樹 ・ お寺の鴟尾 ・ おしろのしゃちほこ

インターネットで上のキーワードについて調べて、「なるほど」と思ったことを書きましょう。

　　　　　　　　　　　　　　　　　　　　　　　　　　　　　　　　　　　　　

....

....

❹ 今日の学習で、学んだことを書きましょう。

　　　　　　　　　　　　　　　　　　　　　　　　　　　　　　　　　　　　　

....

学びをひろげる—2

年　組　名前（　　　　　　　　　　　）

火事をふせぐために、もっと自分にできる行動を考えましょう。

「火事　ポスター」や「火の用心　ポスター」などと、がぞうけんさくすると、多くのポスターを見ることができます。そのポスターには、大人にしかできない、火事をふせぐ行動もあれば、小学生にもできる行動もあります。

❶ 小学生にもできる行動がかかれているポスターの中で、あなたのお気に入りのポスターをえらび、その理由を書きましょう。そして、ポスターとともに、友だちにしょうかいしましょう。

_____

. . . .

. . . .

❷ 友だちに聞いてもらって、コメントや感想を書いてもらいましょう。

_____

. . . .

. . . .

❸ あなたにもできる、火事をふせぐために、自分にできる行動を考えて、書きましょう。

_____

. . . .

. . . .

❹ 「火事からくらしを守る」の学習で、学んだことを書きましょう。

_____

. . . .

. . . .

7 事故や事件からくらしを守る

6時間計画

①学習後も、安全を守る行動をとり続けられるようにすることがポイントです。

②交通ルールを守る等の当たり前にしていたことの、意味づけに適した単元です。

③単元で学んだことをもとに、日常の意味を考えることが重要です。

資料について

①３年生は都道府県版の副読本を使うことが一般的ですが、この単元も**教科書が有効**です。導入のイラストや、関係図などは、教科書のほうがわかりやすいことがよくあります。

②警察官からお話を聞かせていただけるなら、話の最後には、「自分たちだけでは、安全を守れない。だからこそ、**小学生にも**、安全を守るために大事な行動がある。それが何か、先生とゆっくり考えてほしい」と締めていただくことをおすすめします。

③地域の人からお話を聞かせていただく際も、②と同様です。警察・地域・自分の三者は、安全のための射程が異なるためです。

単元計画

	学習内容	主な準備物	解答例やポイント
①	学習問題づくり	県警のHP	各都道府県警のHPで、事故や事件の発生を地図にまとめたものがあれば、たいへん有効です。
②	警察の仕事を調べる	県警のHP	❷１つに決められないため、自分の考えを引き出させたいものです。
③	事故発生時の動きを調べる	教科書	❸ 通報があること・通信指令室があること・いろいろな関係機関に連絡がいくこと、等
④	地域の取り組みを調べる	教科書	❷ 連絡を取り合う理由は、安全を守る射程が異なるためです。
⑤	地域の取り組みを調べる	防犯マップ	❹ マップがない場合は、事故と事件を分けて考えると、考えやすいです。
⑥	まとめる	これまでのシート	❶ 縦軸には「私」を入れさせたい。 ❷ 時間や場所など、射程が異なるから。

子どもページ
QRコード

事故や事件からくらしを守る ①
学習問題をつかむ

年　　組　名前（　　　　　　　　　　　）

身近な地いきのあぶない場所について話し合い、学習問題をつくりましょう。

❶ 教科書にあるイラストを見て、まちのあぶない場所について、気づいたことを書きましょう。そのときには、事故と事件に分けて、考えましょう。

事故	事件

❷ 自分が住んでいる都道府県のけいさつのホームページを見て、身の回りで起こるかもしれない事故や事件について調べ、わかったことを書きましょう。

....

....

....

❸ もっと調べたいことをもとに、学習問題をつくりましょう。

> **学習問題** 事故や事件からわたしたちの安全を守るために、だれが、どのようなはたらきをしているのでしょうか。

63

けいさつの仕事を調べる

年　　組　名前（　　　　　　　　　　　　　　　）

けいさつしょの人たちは、どのような取り組みを
しているのでしょうか。

❶ 教科書などを見て、けいさつの仕事についてまとめましょう。

❷ ❶の中で、みなさんの安全をもっとも守っていると思うものは何か、考えて書きましょう。

❸ ことばをかくにんしましょう。
法やきまり……たとえば、交通にかんする法やきまりは、安心して毎日を送るためにひつようなものの一つです。

❹ みなさんの生活に見られる法やきまりには、どのようなものがあるか、朝に家を出てから、学校に着くまでの間をれいに、考えて書きましょう。

❺ 今日の学習で、学んだことを書きましょう。

64

事故や事件からくらしを守る ③
事故発生時を調べる

年　　組　名前（　　　　　　　　　　　　　）

**事故が起きたとき、さまざまな人がすぐに
かけつけることができるのは、なぜでしょうか。**

❶ ことばをかくにんしましょう。

通報……知らせること。110番の電話は、けいさつ本部の通信指令室につながります。事
故の様子や場所などを、落ち着いて、せいかくにつたえることが大切です。

❷ 交通事故が起きたときの、れんらくの流れをまとめましょう。

❸ 火事が起きたときのれんらくの流れと、にているところを書きましょう。

❹ 交通事故が起きたとき、わたしたちにできることを書きましょう。

❺ 今日の学習で、学んだことを書きましょう。

事故や事件からくらしを守る ④

安全なまちづくりを調べる

年　　組　名前（　　　　　　　　　　　　　　　）

 地いきの人たちは、まちの安全を守るために
どのような活動をしているのでしょうか。

❶ ことばをかくにんしましょう。

こども110番……いざというときに、子どもたちが助けをもとめられるようにしている家や店などがふえてきました。けいさつと協力して、地いきの人たちも、より安全なまちづくりにさんかしています。

❷ 教科書の図を見て、下の3つのことばを使って、安全を守るしくみについてまとめましょう。

　①けいさつ・市役所　　②会社・店　　③学校・町内会

❸ 今日の学習で、学んだことを書きましょう。

事故や事件からくらしを守る ⑤
地いきの取り組みを調べる

年　　組　名前（　　　　　　　　　　　　　　）

地いきの人たちは、安全なまちづくりのために、どのような取り組みをしているのでしょうか。

❶ 地いきの人たちが行っている取り組みを、教科書や副読本などで調べましょう。

❷ ❶の中で、あなたの身の回りにある、安全にかんする取り組みに、赤丸をつけましょう。

❸ ことばをかくにんしましょう。

　安全マップ‥‥‥「ぼうはんマップ」ということもあります。多くの学校や町では、あぶない場所や安全な場所をかき入れた安全マップを作っています。地いきの安全マップは、子どもたちにとっても、事故や事件をふせぐために役立ちます。

❹ 自分が住んでいる地いきの安全マップを見てみましょう。そして、思ったことや考えたことを書きましょう。また、もし安全マップがない場合は、どこをのせればよいか、考えて書きましょう。

❺ 今日の学習で、学んだことを書きましょう。

まとめる

年　　組　名前（　　　　　　　　　　　　　）

まちの安全を守る人について表をつくり、事故や事件からくらしを守るはたらきについてまとめましょう。

❶ 安全を守る人の活動について表にまとめてみましょう。

人物	活動の内容 (ないよう)
けいさつかん	
地いきの人	

❷ 安全を守るのは、けいさつだけではなく、どうしていろいろな人物がひつようなのでしょうか。考えて書きましょう。

··

··

❸ 今日の学習で、学んだことを書きましょう。

··

8

市のうつりかわり

11 時間
計画

子どもページ
QRコード

本単元のポイント

①考えは、資料に基づいた事実を理由に挙げさせることがポイントです。

②「社会的事象は、歴史的に連続している」と、気付かせることに適した単元です。

③現在のくらしは、昔の人々の思いや願いがこめられていると気付かせることが重要です。

資料について

①この単元は特に、後半には、これまでの学びを振り返る必要があるので、散逸させない工夫が必要です。そのため、ICT 端末に頼ることも有効です。

②以前は、昔のくらしの道具そのものを詳しく学んでいました。しかし、今の学習指導要領は一転、**道具は、人々の願いによって変化**していると気付かせることを求めています。

③学習内容は市町村ごとに異なるため、市町村の副読本や HP が有効な資料になります。

単元計画

学習内容	主な準備物	解答例やポイント
① まちの変遷	副読本等	❶ ③～⑦の学習内容が参考になります。
② 学習問題づくり	副読本等	❷ 実はあまり知らないことに気付かせたい。
③ 交通の変遷を調べる	特になし	❸ 現在は便利になったことに気付かせたい。
④ 土地利用の変遷を調べる	見学	③～⑥はリンクしていることがポイントです。
⑤ 人口の変遷を調べる	見学	❷❸ 理由があることに気付かせましょう。
⑥ 公共施設の変遷を調べる	見学	❸ リンクしていることに気付かせましょう。
⑦ 道具の変遷を調べる	写真等	❷ 時間が有効に使えること
⑧ まとめる	これまでのシート	❶ 整理して、まとめることが重要です。 ❷ リンクしていることに気付かせたい。
⑨ 未来の市町村を考える	これまでのシート	❶ 理由は、学習してきた内容を踏まえていることが重要です。 ●人口が減ってきているから、大型のショッピングモールをつくって、たくさんの人に来てほしい。 ●新幹線駅があるから、今度は空港もほしい。等

69

学習のめあて

年　組　名前（　　　　　　　　　　　　　　）

 わたしたちのまちの、昔の様子を見てみましょう。

❶ 副読本や、インターネットなどから、自分が住む市町村のうつりかわりについて、気づいたことを書きましょう。

	おじいさん・おばあさんが子どものころ	お父さん・お母さんが子どものころ	今
交通			

❷ 市がうつりかわってきたことについて、もっと調べて、知りたいことを書きましょう。

市のうつりかわり ②
うつりかわる様子をつかむ

年　　組　名前（　　　　　　　　　　　）

 自分が住む市町村は、どのようにかわってきたのでしょうか。

❶ ことばをかくにんしましょう。

元号……明治 →（　　　　　　）→（　　　　　　）→ 平成 →（　　　　　　）

❷ 副読本や、インターネットなどを使って、自分が住む市町村のうつりかわりについて、気づいたことを書きましょう。そのときは、下の①〜⑤の中からポイントをえらびましょう。

ポイント　①道路や鉄道は、どのようにかわってきたか
　　　　　②土地の使われ方は、どのようにかわってきたか
　　　　　③人の数（人口）は、どのようにかわってきたか
　　　　　④学校などの公共しせつは、いつごろできたか
　　　　　⑤くらしの道具は、どのようにかわってきたか

ポイント	気づいたこと

❸ もっと調べたいことをもとに、学習問題をつくりましょう。

> **学習問題** わたしたちの市は、いつごろ、どのようにかわってきたのでしょうか。

❹ 上の学習問題の答えを予想して、書きましょう。

市のうつりかわり ③

交通を調べる

年　　組　名前（　　　　　　　　　　　）

市の交通は、どのようにかわってきたのでしょうか。

❶ ことばをかくにんしましょう。

交通…… 人や物が行き来することを交通といいます。道路や鉄道をはじめ、空港（ひこうき）や水運（船やフェリー）などがあります。

❷ 副読本や、インターネットなどを使って、自分が住む市町村の交通は、どのようにかわってきたか調べて、書きましょう。

....
....
....
....

❸ ❷のように交通がかわったことで、人々の生活はどのようにかわったでしょう。

....
....
....

❹ 今日の学習で、学んだことを書きましょう。

....
....

土地の使われ方を調べる

年　　組　名前（　　　　　　　　　　　　）

市の土地の使われ方は、どのようにかわってきたのでしょうか。

❶ 副読本や、インターネットなどを使って、自分が住む市町村の土地の使われ方について、ふえているものと、へっているものを調べて、書きましょう。土地の使われ方とは、たとえば「家や店」「田や畑」「山や森林」「工場」などが多いところをさします。

ふえているもの	へっているもの	かわらないもの

❷ 土地の使われ方のうつりかわりと、前の時間に学習した交通のうつりかわりをくらべることで、関係があると考えられることを書きましょう。

❸ 今日の学習で、学んだことを書きましょう。

市のうつりかわり ⑤

人口を調べる

年　　組　名前（　　　　　　　　　　　　　　）

市の人の数は、どのようにかわってきたのでしょうか。

❶ ことばをかくにんしましょう。

人口…… 市や県、国など、その地いきに住んでいる（　　　　　　　）のことです。

❷ 副読本や、インターネットなどを使って、自分が住む市町村の人口のうつりかわりについて調べて、わかったことを書きましょう。

_____

....

....

❸ 人口のうつりかわりと、交通のうつりかわりをくらべることで、関係があると考えられることを書きましょう。

_____

....

....

❹ 人口のうつりかわりと、土地の使われ方のうつりかわりをくらべることで、関係があると考えられることを書きましょう。

_____

....

....

❺ 今日の学習で、学んだことを書きましょう。

_____

....

74

市のうつりかわり 6
公共しせつを調べる

年　　組　名前（　　　　　　　　　　　　　　）

市の主な公共しせつは、いつごろできたのでしょうか。

❶ ことばをかくにんしましょう。

公共しせつ……学校や（　　　　　　　　　）など、みんなのためにつくられたたて物や場所のことをいいます。

税金……市や国などが集め、公共しせつをつくったり、みんなに役立つ活動を行ったりするために使われる（　　　　　　　）のことです。

❷ 副読本や、インターネットなどを使って、自分が住む市町村の公共しせつのうつりかわりについて調べて、わかったことを書きましょう。

⋯⋯⋯⋯⋯⋯⋯⋯⋯⋯⋯⋯⋯⋯⋯⋯⋯⋯⋯⋯⋯⋯⋯⋯⋯⋯⋯⋯⋯⋯⋯⋯⋯⋯⋯⋯⋯

⋯⋯⋯⋯⋯⋯⋯⋯⋯⋯⋯⋯⋯⋯⋯⋯⋯⋯⋯⋯⋯⋯⋯⋯⋯⋯⋯⋯⋯⋯⋯⋯⋯⋯⋯⋯⋯

⋯⋯⋯⋯⋯⋯⋯⋯⋯⋯⋯⋯⋯⋯⋯⋯⋯⋯⋯⋯⋯⋯⋯⋯⋯⋯⋯⋯⋯⋯⋯⋯⋯⋯⋯⋯⋯

❸ 公共しせつのうつりかわりと、交通・土地の使われ方・人口のうつりかわりをくらべることで、関係があると考えられることを書きましょう。

⋯⋯⋯⋯⋯⋯⋯⋯⋯⋯⋯⋯⋯⋯⋯⋯⋯⋯⋯⋯⋯⋯⋯⋯⋯⋯⋯⋯⋯⋯⋯⋯⋯⋯⋯⋯⋯

⋯⋯⋯⋯⋯⋯⋯⋯⋯⋯⋯⋯⋯⋯⋯⋯⋯⋯⋯⋯⋯⋯⋯⋯⋯⋯⋯⋯⋯⋯⋯⋯⋯⋯⋯⋯⋯

⋯⋯⋯⋯⋯⋯⋯⋯⋯⋯⋯⋯⋯⋯⋯⋯⋯⋯⋯⋯⋯⋯⋯⋯⋯⋯⋯⋯⋯⋯⋯⋯⋯⋯⋯⋯⋯

❹ 今日の学習で、学んだことを書きましょう。

⋯⋯⋯⋯⋯⋯⋯⋯⋯⋯⋯⋯⋯⋯⋯⋯⋯⋯⋯⋯⋯⋯⋯⋯⋯⋯⋯⋯⋯⋯⋯⋯⋯⋯⋯⋯⋯

⋯⋯⋯⋯⋯⋯⋯⋯⋯⋯⋯⋯⋯⋯⋯⋯⋯⋯⋯⋯⋯⋯⋯⋯⋯⋯⋯⋯⋯⋯⋯⋯⋯⋯⋯⋯⋯

市のうつりかわり ❼

道具とくらしを調べる

年　　組　名前（　　　　　　　　　　　）

くらしの中の道具は、どのようにかわってきたのでしょうか。

❶ 副読本や、インターネットなどを使って、せんたくの道具について調べて、ふきだしには気づいたことや、思ったことを書きましょう。また、（　　　）には、およそ何年前に多く使われていたか、または、つくられたのかを書きましょう。

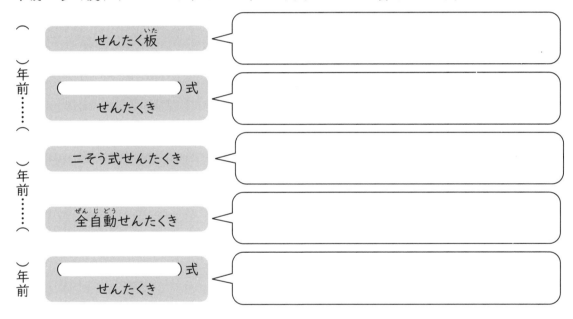

❷ せんたくの道具について、新しい物ほど、どんな道具になっているということができますか。考えて書きましょう。

_____

_____

_____

❸ 今日の学習で、学んだことを書きましょう。

_____

_____

市のうつりかわり ⑧

まとめる

年　　組　名前（　　　　　　　　　　　　　）

市のうつりかわりを年表（ねんぴょう）にまとめてみましょう。

❶ 市のうつりかわりを年表にまとめてみましょう。

	70年～60年くらい前	50年～40年くらい前	今
交通			
土地の使われ方（つか）			
人口			
公共（こうきょう）しせつ			
くらしの道具（どうぐ）			

❷ 今日の学習（がくしゅう）で、学んだことを書きましょう。

市のうつりかわり ⑨

学びをいかす

年　組　名前（　　　　　　　　　　　　）

 **わたしたちの市のこれからについて考えましょう。**

❶ わたしたちが住む市町村は、これからどんな市町村になってほしいと考えますか。「人口が〇〇になっているから……」「交通が△△になってきたから……」などにように、学習したことをふり返りながら、市町村がこれからどうなってほしいか考えて書きましょう。

....

....

....

❷ 友だちに聞いてもらって、コメントや感想を書いてもらいましょう。

名前	コメント

❸ ❶を見て、どんなことを思ったり、考えたりしたか、書きましょう。

....

❹ 「市のうつりかわり」の学習で、学んだことを書きましょう。

....

....

本単元のポイント

①この単元は、社会科にとって基礎的基本的ともいえる、方角の問題を出題しています。授業の隙間の時間や、宿題などに活用いただければ幸いです。

②四方位では、「北一南」を混同してしまう児童はあまりいませんが、「東一西」を混同してしまう児童は、毎年何人も目にします。そこで、北を上にしたときに、右手が東、左手が西だと覚えられるよう、何度も問題に出すことがポイントです。また、「みぎひがし」「ひだりにし」と、正しい方角は5文字になる、いわゆる「五文字の法則」で覚えさせることも有効です。

③八方位では、「北東」「南西」のように、1文字目には「北」か「南」が入ります。このきまりも、子どもに伝えたいところです。

④上で書いたことは、たまに復習をしないと忘れてしまいます。折に触れて、児童に問題を出してみてください。

⑤紙の地図帳も大事ではありますが、近年、Google マップなどオンライン上の地図を読まなければならない機会も増えてきています。そこで、Google マップから問題を出しています。これまで以上に「○○から見て」という見方・考え方を養っていきたいと考えます。

本単元ページの使い方について

①1ページ目（①のシート）は、基礎的・基本的な問題です。1回のみではなく、複数回解かせることで、スムーズに解けるようにしたいものです。

②2ページ目（②のシート）は、自分が住んでいる都道府県をもとに答えさせる問題です。意外と、自分の都道府県の名称と位置を知らない児童が毎年おり、驚かされます。

③3ページ目と4ページ目（③④）は、Google マップをもとに答えさせる問題です。方角問題の締めくくりとして、「生きてはたらく知識・技能」を目指して、問題を作りました。東京と大阪という、二大都市をもとに問題を作っていますが、お住まいの地方をもとに、先生ご自身で似た問題を作って、子どもに解かせていただければ幸いです。

時間配当
無し

解答例
QRコード

子どもページ
QRコード

八方位・地図

年　組　名前（　　　　　　　　　　）

❶ 八方位(はちほうい)をおぼえましょう。

おぼえられた人は、右がわをおったり、かくしたりして、見ないで書きましょう。

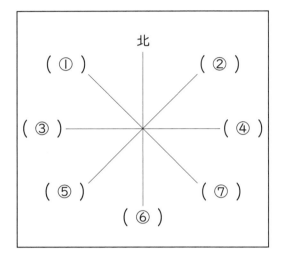

①		北西
②		北東
③		西
④		東
⑤		南西
⑥		南
⑦		南東

❷ 方角を答えましょう。

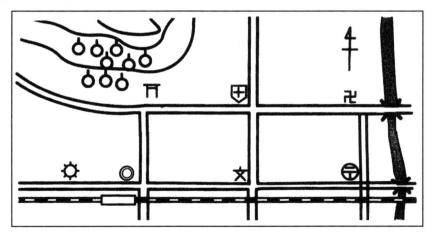

①学校から見て、病院(びょういん)はどの方角にありますか。（　　　　　　　　）

②神社から見て、学校はどの方角にありますか。（　　　　　　　　）

③川から見て、かじゅ園はどの方角にありますか。（　　　　　　　　）

80

方角問題 ❷
都道府県

年　　組　名前（　　　　　　　　　　）

● 自分が住んでいる都道府県について、あとの問題に答えましょう。

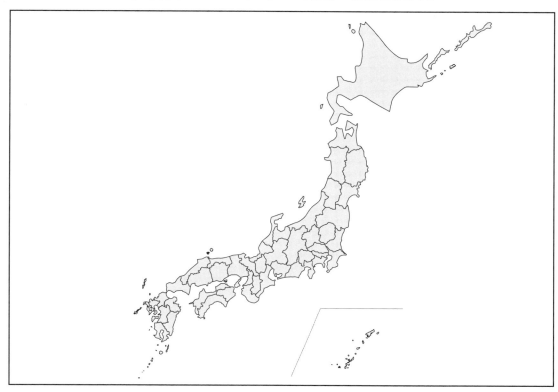

①右の（　）に自分が住んでいる都道府県名を書き、上の地図に色をぬりましょう。

（　　　　　　　　　　　）

②いくつの都道府県とせっしていますか。

（　　　　　　　　　　　）

③せっしている都道府県と、その方角をすべて書きましょう。
　れい）奈良県に住んでいる場合。大阪府・西、京都府・北、など

_____

· ·

④県庁所在地は、都道府県内のどのあたりにありますか。八方位、もしくは、中央ということばを使って、せつめいしましょう。

（　　　　　　　　　　　　　　　　　　　　　　　　　　）

81

方角問題 ③

東京駅しゅうへんのグーグルマップ

年　　組　名前（　　　　　　　　　　　　　　　　）

● 下のグーグルマップ（地図）を見て、あとの問題に答えましょう。

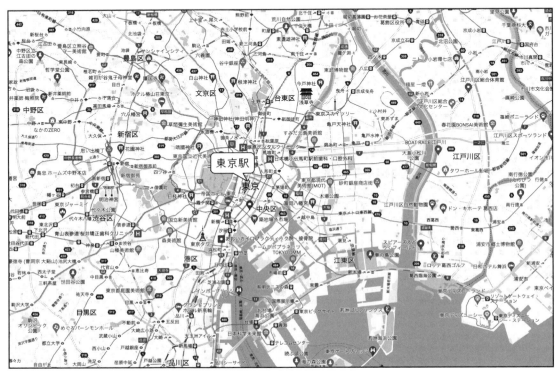

①東京駅から見て、東京ディズニーランドは、どの方角にありますか。

（　　　　　　　　　　　　　）

②東京駅から見て、東京スカイツリーは、どの方角にありますか。

（　　　　　　　　　　　　　）

③駒沢オリンピック公園から見て、東京駅は、どの方角にありますか。

（　　　　　　　　　　　　　）

④明治神宮から見て、東京駅は、どの方角にありますか。

（　　　　　　　　　　　　　）

⑤上の問題のように、下の（　）の中にことばをあてはめて、意味が通る文を作りましょう。

（　　　　　　　）から見て、（　　　　　　　　）は、（八方位　　　　　　　　）にある。

大阪駅しゅうへんのグーグルマップ

年　　組　名前（　　　　　　　　　　　）

● 下のグーグルマップ（地図）を見て、あとの問題に答えましょう。

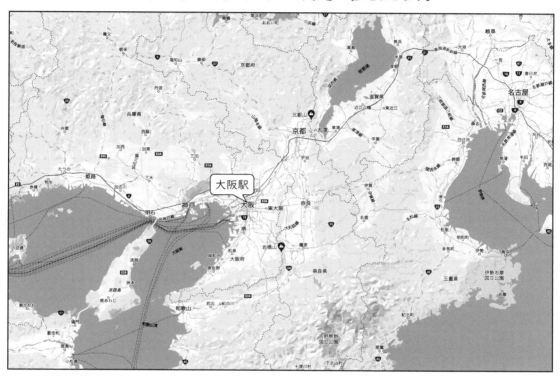

①大阪駅から見て、神戸市は、どの方角にありますか。

（　　　　　　　　　　　　）

②大阪駅から見て、奈良市は、どの方角にありますか。

（　　　　　　　　　　　　）

③京都市から見て、大阪駅は、どの方角にありますか。

（　　　　　　　　　　　　）

④琵琶湖から見て、大阪駅は、どの方角にありますか。

（　　　　　　　　　　　　）

⑤上の問題のように、下の（　）の中にことばをあてはめて、意味が通る文を作りましょう。

（　　　　　　）から見て、（　　　　　　　）は、（八方位　　　　　）にある。

あとがき

　本ワークシートでは、私が3年生社会科で大事にしたいと考えている、下の3点を意識して執筆しています。1つの単元では難しいかもしれませんが、複数の単元で、あるいは1年間で、身に付けられるよう、先生方も上の3点を意識しつつ、3年生社会科を実施していただければ幸いです。

> ①資料から自分の意見をもつこと
> ②地域の一員と思えること
> ③世の中に興味をもてること

　これら3点は、学習指導要領とも重なりますし、市民性（公民的資質と同義）の国際調査で求められていることでもあります。3年生の単元を例に、具体を挙げてみることにします。

①資料から自分の意見をもつ

　大学入学共通テスト（旧センター試験）においても、技能の問題が出題されているほど、社会科では資料を読み取る「技能」が大事にされています。「地図を見て～（単元「市の様子」）」「調べてわかったことを書きましょう（単元「市の移り変わり」）」等があてはまります。

②地域の一員と思えること

　子どもは「他人事」から、「自分事」になることで、学びが本物になります。そのためには、子ども自身が、地域の一員と思えることが欠かせません。「家の人に聞いてきたことを～（単元「店で働く人」）」「どうしていろいろな人物が～（単元「事故や事件から……」）」等があてはまります。

③世の中に興味をもてること

　教科書の中の世界だけを学ぶのではなく、世の中を学ぶからこそ「社会（世の中）科」です。学ぶためには、興味は欠かせません。このことは当然、全単元が当てはまります。

　他方、本ワークシートの下書きを囲みながら、職場の若手の先生と話していました。するとその先生は「こうやって単元を展開すればいいのですね」と、納得してくれていました。そのつぶやきは、私にとって目から鱗でした。それは、ワークシートは、子どもに書かせるだけでなく、授業の展開を示す役割をもっていたことに気付くことができたからでした。「あとがき」を執筆している2023年8月、教師の多忙化が叫ばれています。そのため、本ワークシートを子どもに書かせることで、加えて、本ワークシートにて授業の展開を確認することで、先生方の授業の準備時間を短縮するお手伝いができれば、それに勝る喜びはありません。

　「はじめに」で述べたように、ワークシートを使った授業が苦手な私にとって、本ワークシートは遅々として筆が進みませんでした。そのような私に何度も鞭を入れてくださった樋口雅子様はじめ、関わってくださった皆様に感謝申し上げます。

山方貴順

著者紹介

山方貴順（やまがた・たかのぶ）

1985 年、奈良県生まれ。大阪教育大学大学院教育学研究科修了。
三児（小学生＆保育園）の父。共働きであることから、家庭では料理担当に加え、買い出し・洗濯・ごみ出しなど多岐にわたる家事を担当。スーパーマーケットで、広告の品や、底値の商品を探すことが好き。朝型であるため、勉強の時間を捻出するべく、早寝早起きを心がけている。座右の銘は「桃李成蹊」「清濁併せ呑む」「案ずるより産むが易し」。

社会科授業ミラクル大変身！
QRでパッと調べ 深〜く考える
社会科ワークシート 小学3年

学芸みらい社

2023 年 11 月 5 日　初版発行

著者	山方貴順
発行者	小島直人
発行所	株式会社　学芸みらい社

〒162-0833 東京都新宿区箪笥町 31 番 箪笥町 SK ビル 3F
電話番号 03-5227-1266
https://www.gakugeimirai.jp/
e-mail：info@gakugeimirai.jp

印刷所・製本所	藤原印刷株式会社
企画	樋口雅子
編集	阪井一仁
校閲・校正	大場優子
装丁デザイン・本文組版	児崎雅淑（LiGHTHOUSE）

ISBN 978-4-86757-035-7 C3037

授業の腕が上がる新法則シリーズ　全13巻

監修：谷 和樹（玉川大学教職大学院教授）

新指導要領対応！

新教科書による「新しい学び」時代、幕開け！
2020年度からの授業スタイルを「見える化」誌面で発信！

4大特徴

基礎単元＋新単元をカバー	授業アイデア＆スキル大集合
授業イメージ、一目で早わかり	新時代のデジタル認識力を鍛える

◆「国語」授業の腕が上がる新法則
村野 聡・長谷川博之・雨宮 久・田丸義明 編
978-4-909783-30-1　C3037　本体1700円（＋税）

◆「算数」授業の腕が上がる新法則
木村重夫・林 健広・戸村隆之 編
978-4-909783-31-8　C3037　本体1700円（＋税）

◆「生活科」授業の腕が上がる新法則※
勇 和代・原田朋哉 編
978-4-909783-41-7　C3037　本体2500円（＋税）

◆「図画工作」授業の腕が上がる新法則
　1～3年生編※
酒井臣吾・谷岡聡美 編
978-4-909783-35-6　C3037　本体2400円（＋税）

◆「家庭科」授業の腕が上がる新法則
白石和子・川津知佳子 編
978-4-909783-40-0　C3037　本体1700円（＋税）

◆「道徳」授業の腕が上がる新法則
　1～3年生編
河田孝文・堀田和秀 編
978-4-909783-38-7　C3037　本体1700円（＋税）

◆「プログラミング」授業の腕が上がる新法則
許 鍾萬 編
978-4-909783-42-4　C3037　本体1700円（＋税）

◆「社会」授業の腕が上がる新法則
川原雅樹・桜木泰自 編
978-4-909783-32-5　C3037　本体1700円（＋税）

◆「理科」授業の腕が上がる新法則※
小森栄治・千葉雄二・吉原尚寛 編
978-4-909783-33-2　C3037　本体2400円（＋税）

◆「音楽」授業の腕が上がる新法則
関根朋子・中越正美 編
978-4-909783-34-9　C3037　本体1700円（＋税）

◆「図画工作」授業の腕が上がる新法則
　4～6年生編※
酒井臣吾・上木信弘 編
978-4-909783-36-3　C3037　本体2400円（＋税）

◆「体育」授業の腕が上がる新法則
村田正樹・桑原和彦 編
978-4-909783-37-0　C3037　本体1700円（＋税）

◆「道徳」授業の腕が上がる新法則
　4～6年生編
河田孝文・堀田和秀 編
978-4-909783-39-4　C3037　本体1700円（＋税）

各巻A5判並製
※印はオールカラー

激動する社会の変化に対応する教育へのパラダイムシフト──谷 和樹

　PBIS（ポジティブな行動介入と支援）というシステムを取り入れているアメリカの学校では「本人の選択」という考え方が浸透しています。その時の子ども本人の心や体の状態によって、できることは違います。それを確認し、あくまでも本人にその時の行動を選ばせるという方法です。これと教科の指導とを同じに考えることはできないかも知れません。しかし、「本人の選択」を可能にする学習サービスが世界的に広がり、増え続けていることもまた事実です。

　また、写真、動画、Webページなど、全教科のあらゆる知識をデジタルメディアで読む機会の方が多くなっているのが今の社会です。そうした「デジタル読解力」について、今の学校のカリキュラムは十分に対応しているとは言えません。

　子どもたち「本人の選択」を保障する考え方、そして幅広い「デジタル読解力」を必須とする考え方を公教育の中で真剣に考える時代が到来しつつあります。

　本書ではこうしたニーズにできるだけ答えたいと思いました。

　本書の読者のみなさんの中から、そうした問題意識をもち、一緒に研究を進めていただける方がたくさん出てくださることを心から願っています。